Héroes de la comunidad

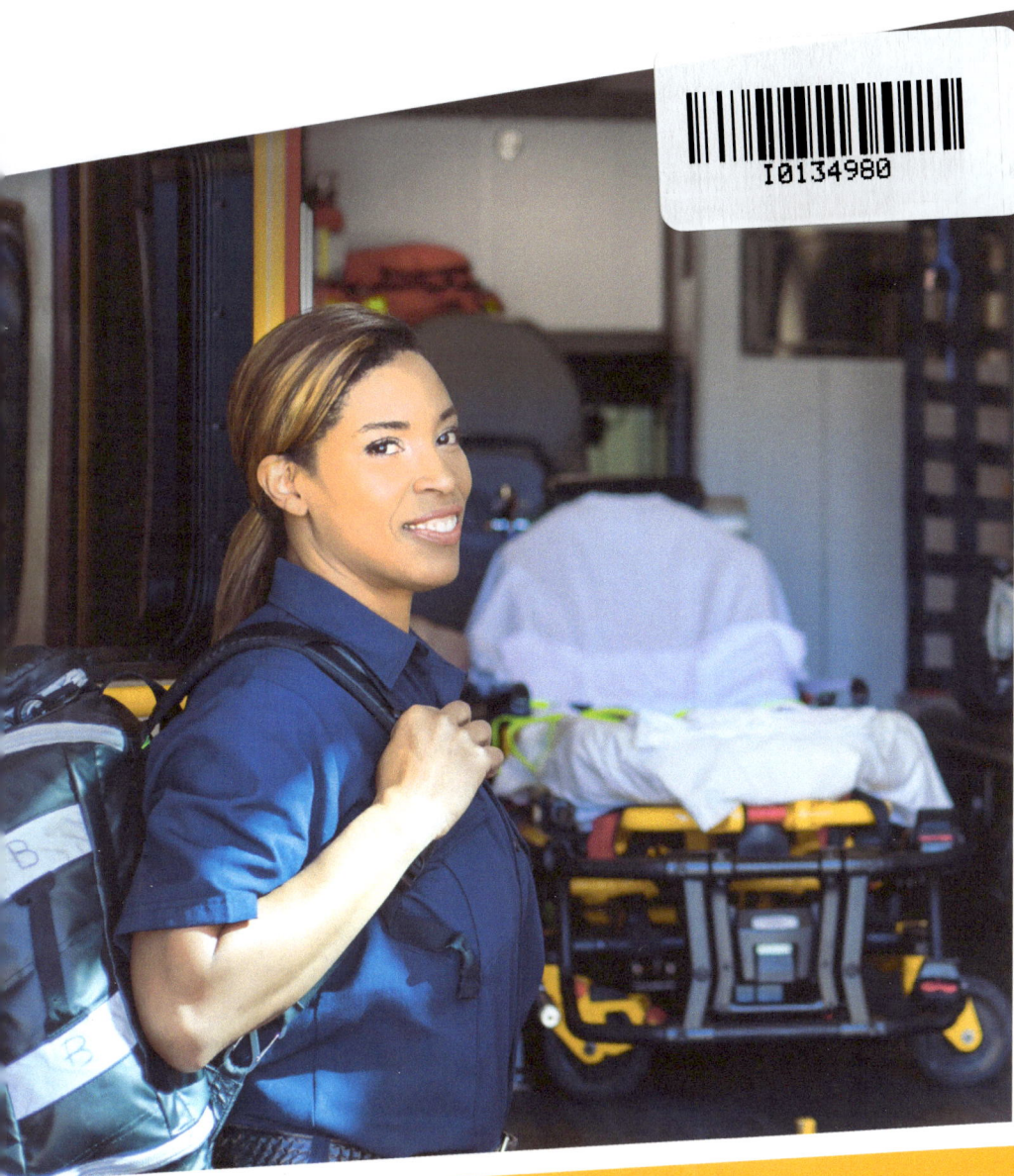

Selina Li Bi

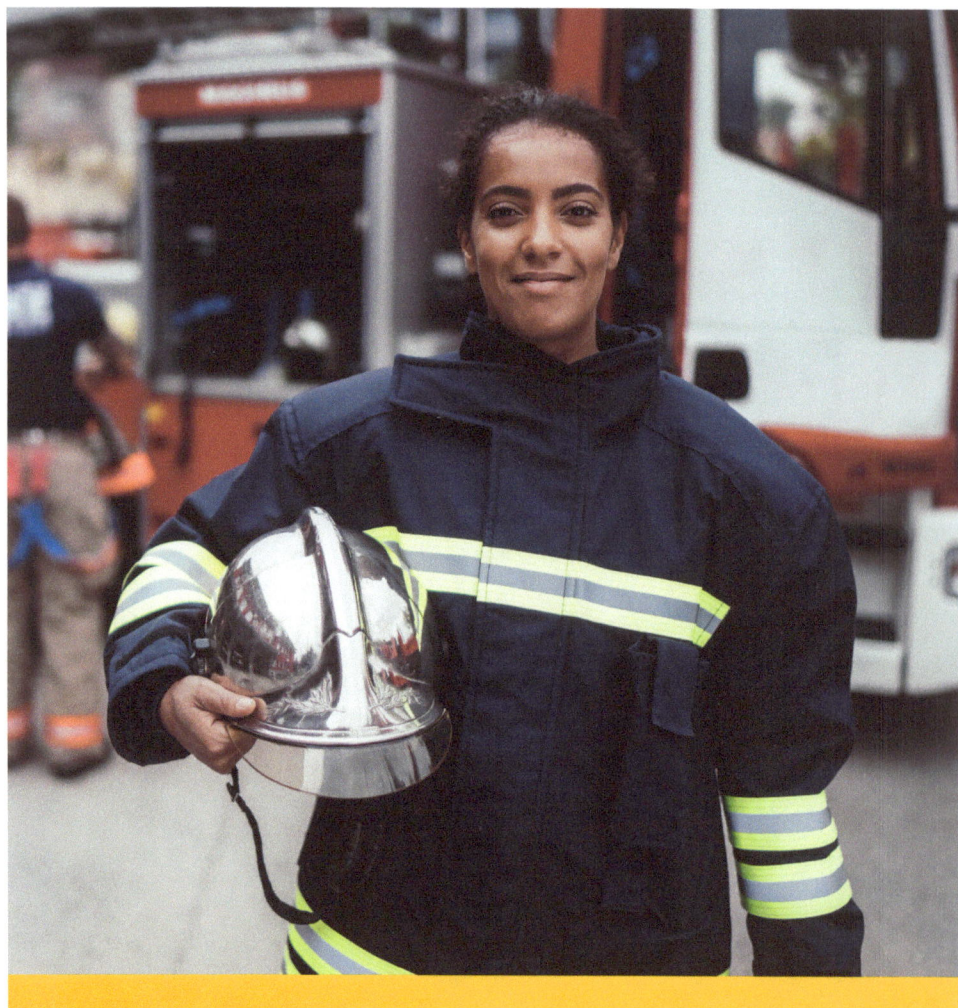

Hay muchos héroes
a nuestro alrededor.

Ayudan a apagar
incendios.

Ayudan a los que
están enfermos.

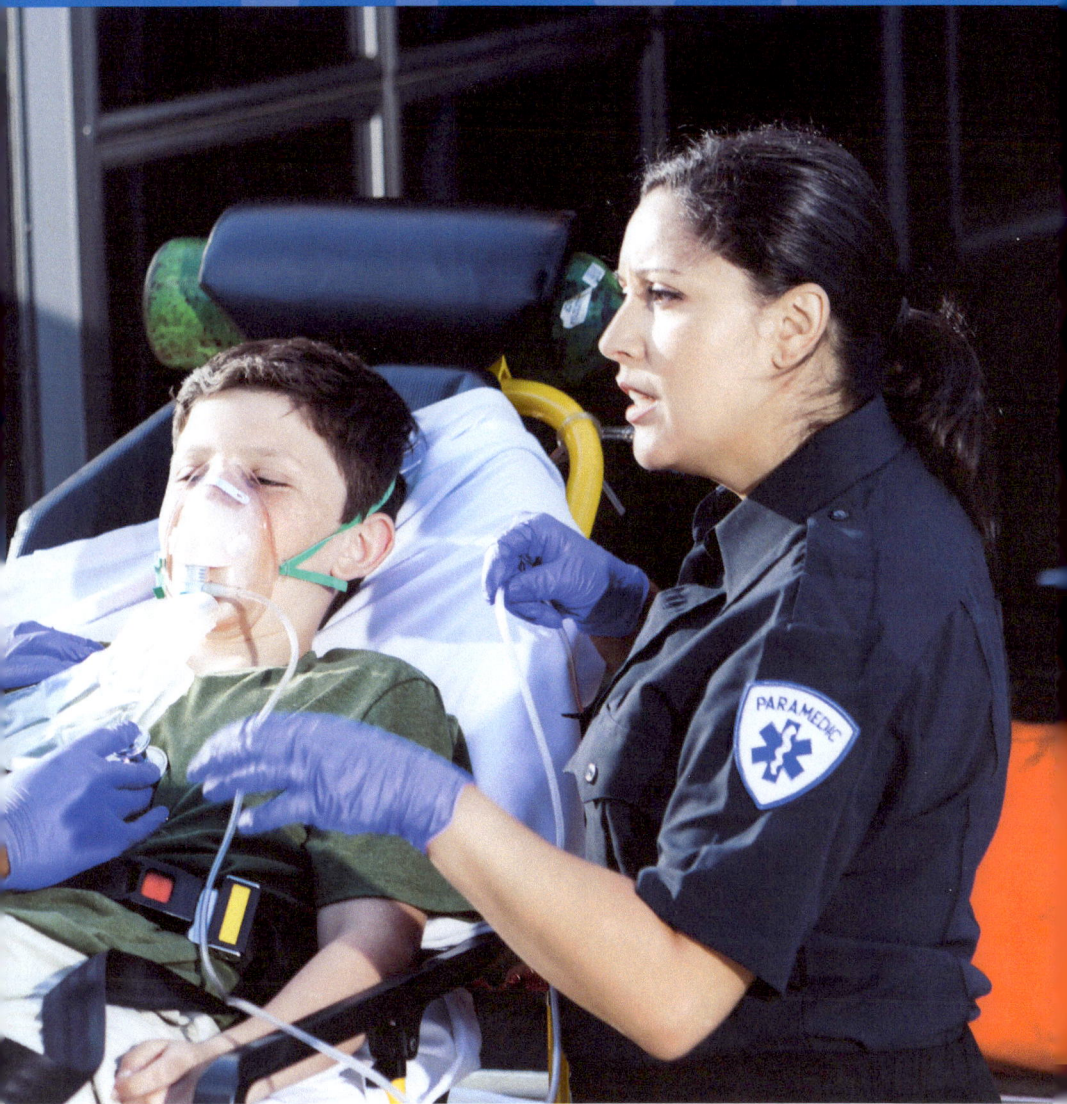

Ayudan a repartir
el correo.

Ayudan a limpiar
las calles.

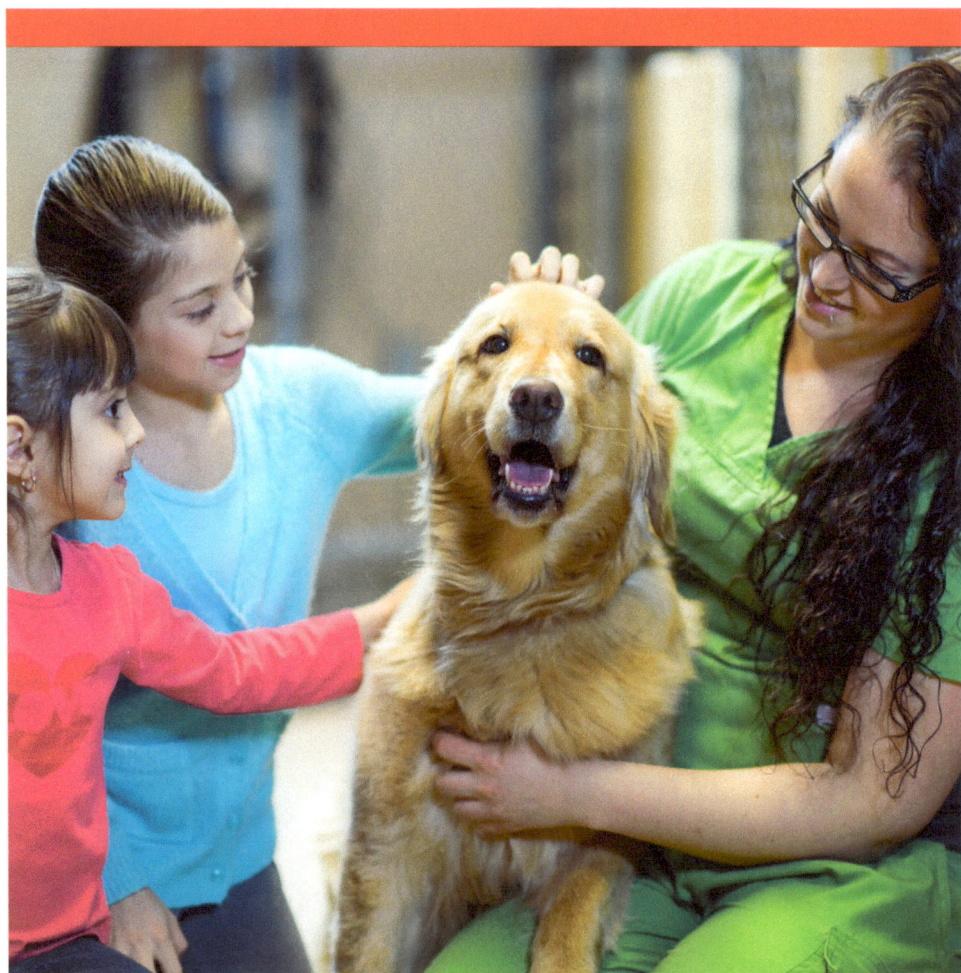

Ayudan a las mascotas
a encontrar un hogar.

Ayudan a cultivar alimentos.

Piensa y habla 💡

¿De dónde viene la comida?

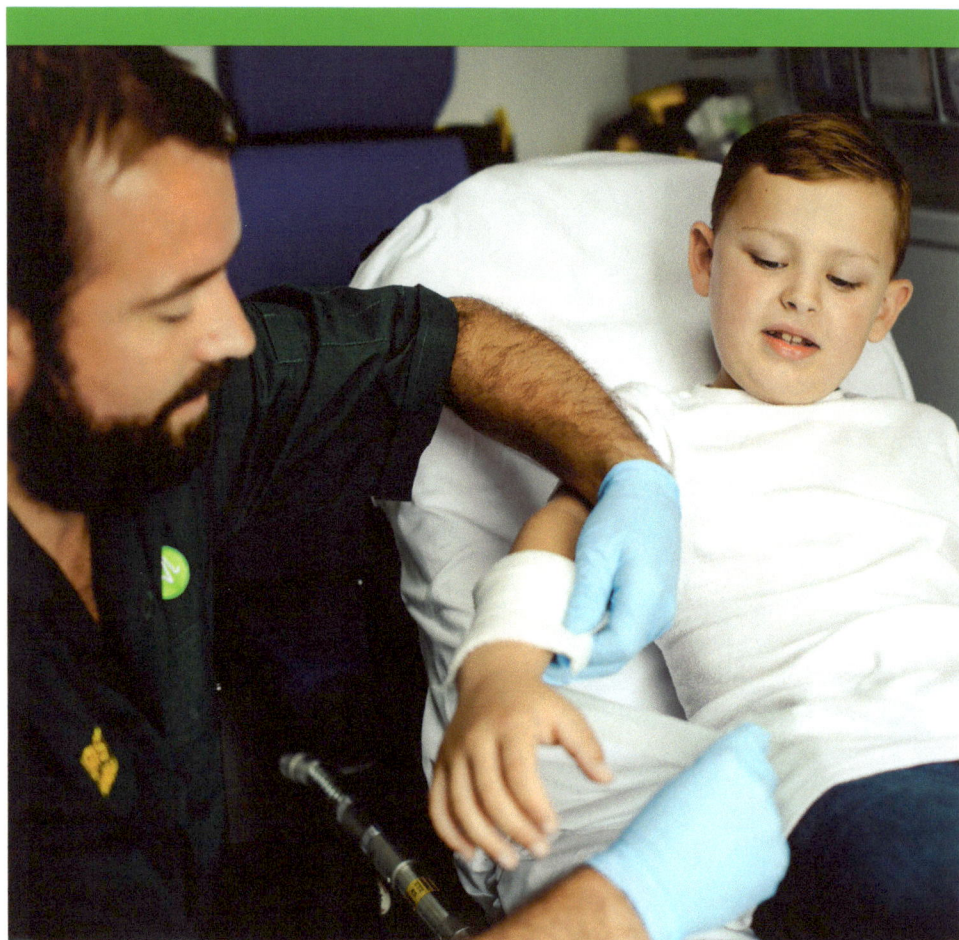

¡Los héroes nos
ayudan!

Salta a la ficción

Los héroes de la comida

Ellos siembran semillas.
Las plantas crecen.

Semillas

Ellos venden comida.
¡La comida nos ayuda
a crecer!

Civismo en acción

Mira a tu alrededor. Hay muchos héroes. Los héroes ayudan a los demás.

1. Piensa en los adultos de tu escuela. ¿Qué trabajos hacen? ¿En qué ayudan?

2. Escoge a una persona. Escribe sobre esa persona y dibújala. Muestra cómo ayuda a los demás.

3. Muéstrale a esa persona lo que hiciste. ¡Dale las gracias!

www.ingramcontent.com/pod-product-compliance
Lightning Source LLC
Chambersburg PA
CBHW040933030426
42336CB00001B/13